Impressum
Verlag: BABADADA GmbH, Nedderfeld 112 , 22529 Hamburg
Geschäftsführer / Verlagsleitung: Harald Hof
Druck: Books on Demand GmbH, In de Tarpen 42, 22848 Norderstedt

Imprint
Publisher: BABADADA GmbH, Nedderfeld 112 , 22529 Hamburg, Germany
Managing Director / Publishing direction: Harald Hof
Print: Books on Demand GmbH, In de Tarpen 42, 22848 Norderstedt, Germany

škola

școală

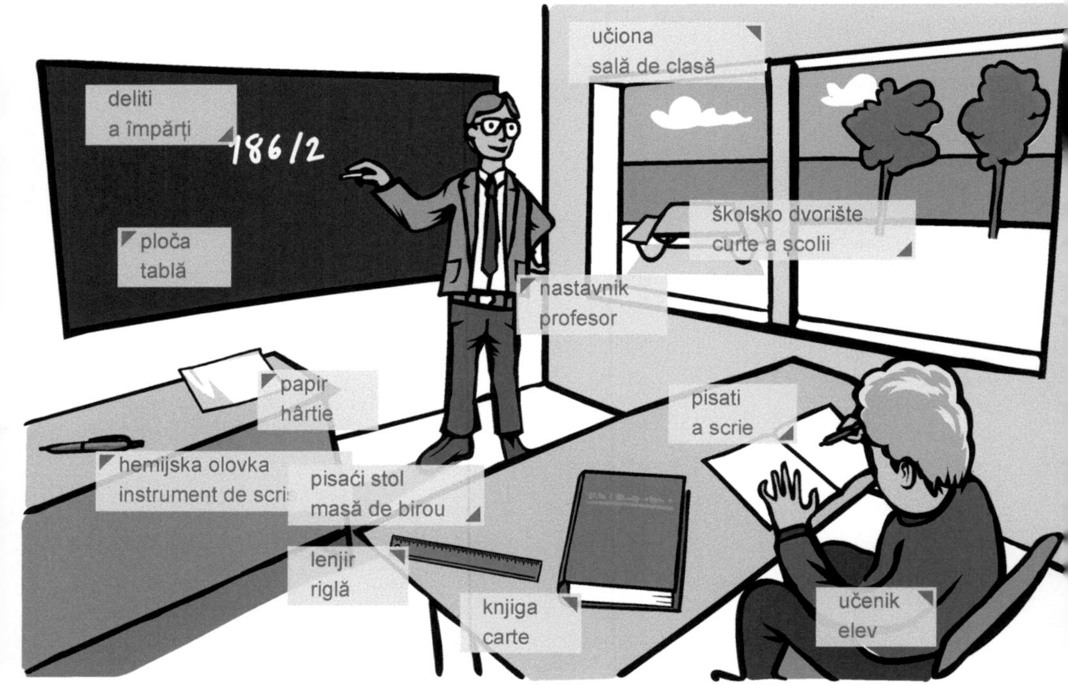

učiona
sală de clasă
deliti
a împărți
186/2
ploča
tablă
školsko dvorište
curte a școlii
nastavnik
profesor
papir
hârtie
pisati
a scrie
hemijska olovka
instrument de scri
pisaći stol
masă de birou
lenjir
riglă
knjiga
carte
učenik
elev

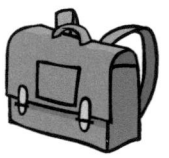

torba

ghiozdan

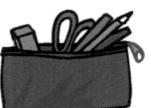

pernica

penar

grafitna olovka

creion

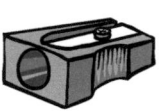

šiljilo za olovke

ascuțitoare

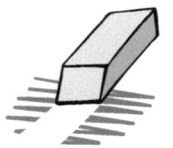

gumica za brisanje

radieră

blok za crtanje

bloc de desen

crtež
....
desen

kist
....
pensulă

kutija sa bojama
....
cutie de acuarele

makaze
....
foarfece

lepilo
....
lipici

beležnica
....
caiet de exerciții

domaći zadatak
....
temă

broj
....
număr

sabirati
....
a aduna

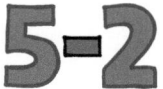

oduzimati
....
a scădea

množiti
....
a multiplica

računati
....
a calcula

slovo
....
literă

abeceda
....
alfabet

reč
....
cuvânt

tekst

text

čitati

a citi

kreda

cretă

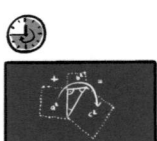

čas

oră

dnevnik

catalog

ispit

examen

svedočanstvo

certificat

školska uniforma

uniformă școlară

obrazovanje

educație

leksikon

enciclopedie

univerzitet

universitate

mikroskop

microscop

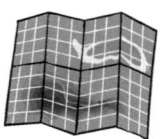

karta

hartă

košara za papir

coș de gunoi

putovanje
călătorie

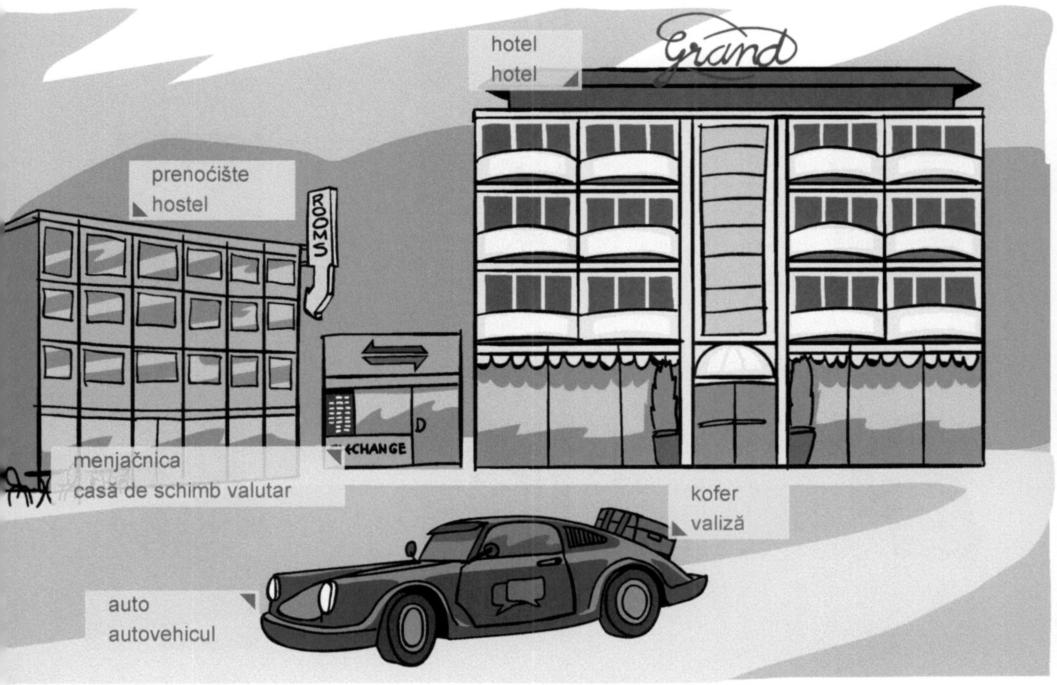
Grand
hotel
hotel
prenoćište
hostel
ROOMS
menjačnica
casă de schimb valutar
kofer
valiză
auto
autovehicul

jezik

limbă

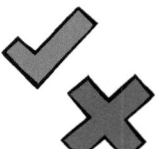

da / ne

da/nu

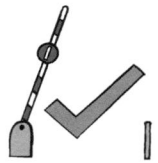

okej

okay

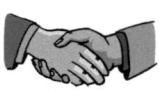

zdravo

Bună!

prevodilac

interpret

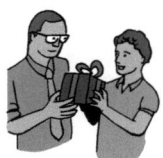

hvala

mulțumesc

Koliko košta...?

Cât costă...?

ne razumem

Nu înțeleg

problem

problemă

dobro veče!

Bună seara!

Dobro jutro!

Bună dimineața!

Laku noć!

Noapte bună!

doviđenja

la revedere

smer

direcție

prtljaga

bagaj

torba

geantă

ruksak

rucsac

gost

oaspete

soba

cameră

vreća za spavanje

sac de dormit

šator

cort

turističke informacije

unct de informare turistică

plaža

plajă

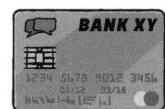

kreditna kartica

carte de credit

doručak

mic dejun

ručak

masa de prânz

večera

cină

karta za vožnju

bilet de călătorie

lift

lift

poštanska markica

timbru poștal

granica

graniță

carina

vamă

ambasada

ambasadă

viza

viză

pasoš

pașaport

transport

transport

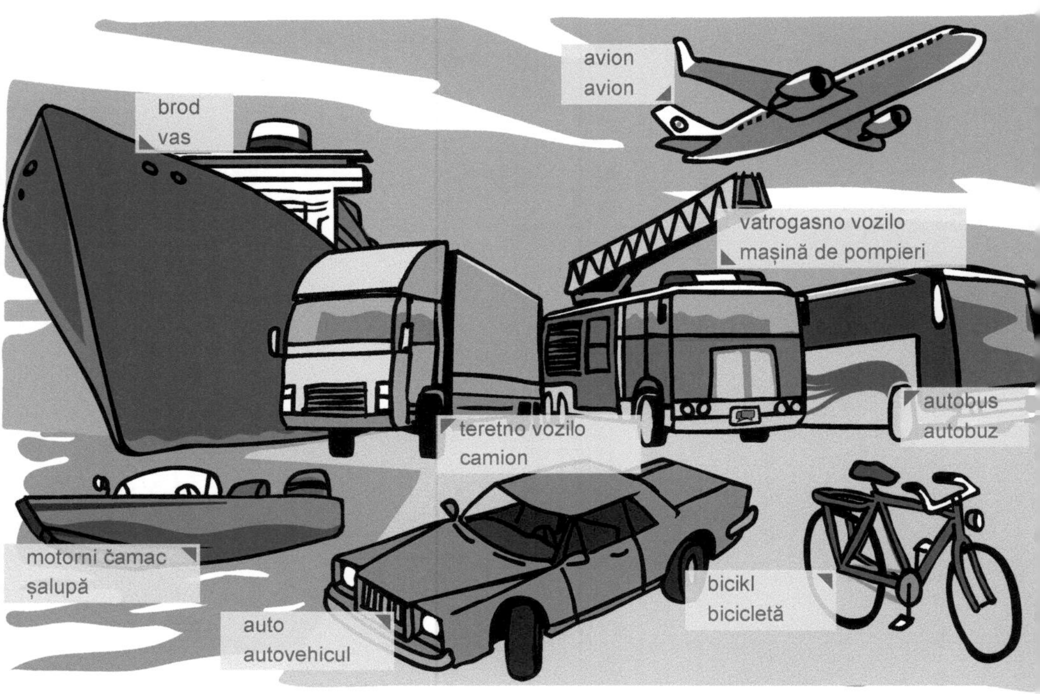
avion
avion
brod
vas
vatrogasno vozilo
mașină de pompieri
autobus
autobuz
teretno vozilo
camion
motorni čamac
șalupă
bicikl
bicicletă
auto
autovehicul

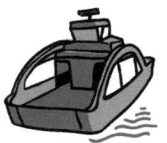

trajekt

feribot

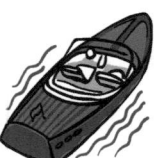

čamac

barcă

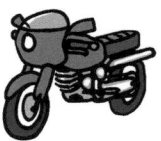

motocikl

motocicletă

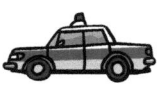

policijski auto

mașină de poliție

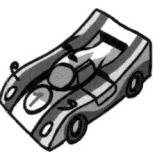

trkaći auto

mașină de curse

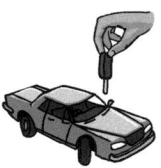

iznajmljeno auto

mașină închiriată

delenje automobila

car sharing

vučno vozilo

mașină de tractat

vozilo za odvoz smeća

mașină de gunoi

motor

motor

benzin

combustibil

benzinska stanica

benzinărie

saobraćajni znak

semn de circulație

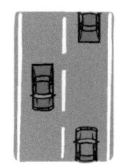

saobraćaj

trafic

zastoj

ambuteiaj

parkiralište

parcare

železnička stanica

gară

šine

șine

voz

tren

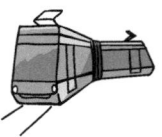

tramvaj

tramvai

vagon

vagon

helikopter
elicopter

aerodrom
aeroport

kula
turn

putnik
pasager

kontejner
container

karton
carton

kolica
căruță

korpa
coș

uzleteti / sleteti
a decola/a ateriza

grad
oraș

selo
sat

centar grada
centru

kuća
casă

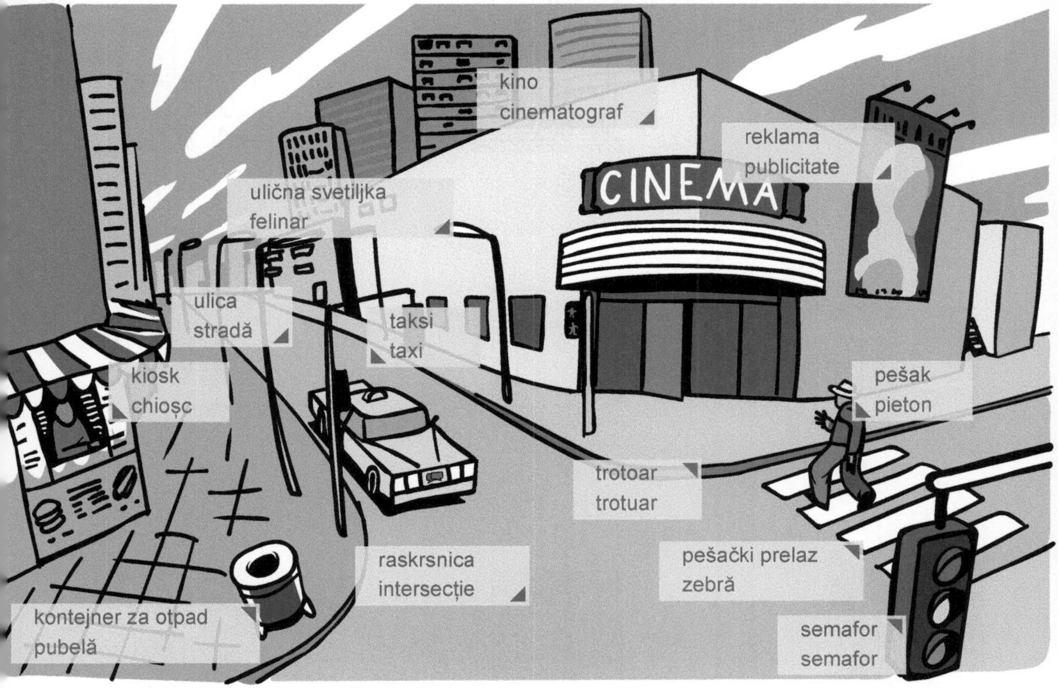

kino
cinematograf

reklama
publicitate

ulična svetiljka
felinar

CINEMA

ulica
strada

taksi
taxi

pešak
pieton

kiosk
chiosc

trotoar
trotuar

raskrsnica
intersecție

pešački prelaz
zebră

kontejner za otpad
pubelă

semafor
semafor

koliba
cabană

stan
apartament

železnička stanica
gară

većnica
primărie

muzej
muzeu

škola
școală

univerzitet

universitate

banka

bancă

bolnica

spital

hotel

hotel

apoteka

farmacie

kancelarija

birou

knjižara

librărie

prodavnica

magazin

cvećara

florărie

supermarket

supermarket

trg

piață

robna kuća

magazin universal

ribarnica

comerciant de pește

trgovački centar

centru comercial

luka

port

park

parc

klupa

bancă

most

pod

stepenice

trepte

podzemna železnica

metrou

tunel

tunel

autobuska stanica

stație de autobuz

bar

bar

restoran

restaurant

poštansko sanduče

cutie poștală

ulični znak

tăbliță indicatoare cu
numele străzii

parkirni automat

parcometru

zoološki vrt

grădină zoologică

bazen

piscină

džamija

moschee

seosko gazdinstvo

gospodărie țărănească

zagađenje okoline

poluare

groblje

cimitir

crkva

biserică

igralište

loc de joacă

hram

templu

pejsaž

peisaj

list
frunză

putokaz
indicator

put
drum

livada
pajiște

kamen
piatră

drvo
copac

šetač
drumeț

reka
râu

trava
iarbă

cvijet
floare

dolina
vale

planina
deal

jezero
lac

šuma
pădure

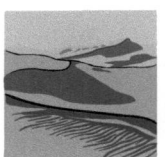

pustinja
deșert

vulkan
vulcan

dvorac
castel

duga
curcubeu

gljiva
ciupercă

palma
palmier

moskito
țânțar

muva
muscă

mrav
furnică

pčela
albină

pauk
păianjen

buba
gândac

žaba
broască

veverica
veveriţă

jež
arici

zec
iepure

sova
bufniţă

ptica
pasăre

labud
lebădă

divlja svinja
porc mistreţ

jelen
cerb

los
elan

nasip
dig

vetrenjača
turbină eoliană

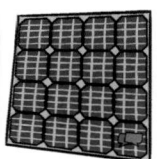

solarna ploča
panou solar

klima
climă

restoran
restaurant

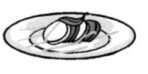

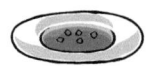

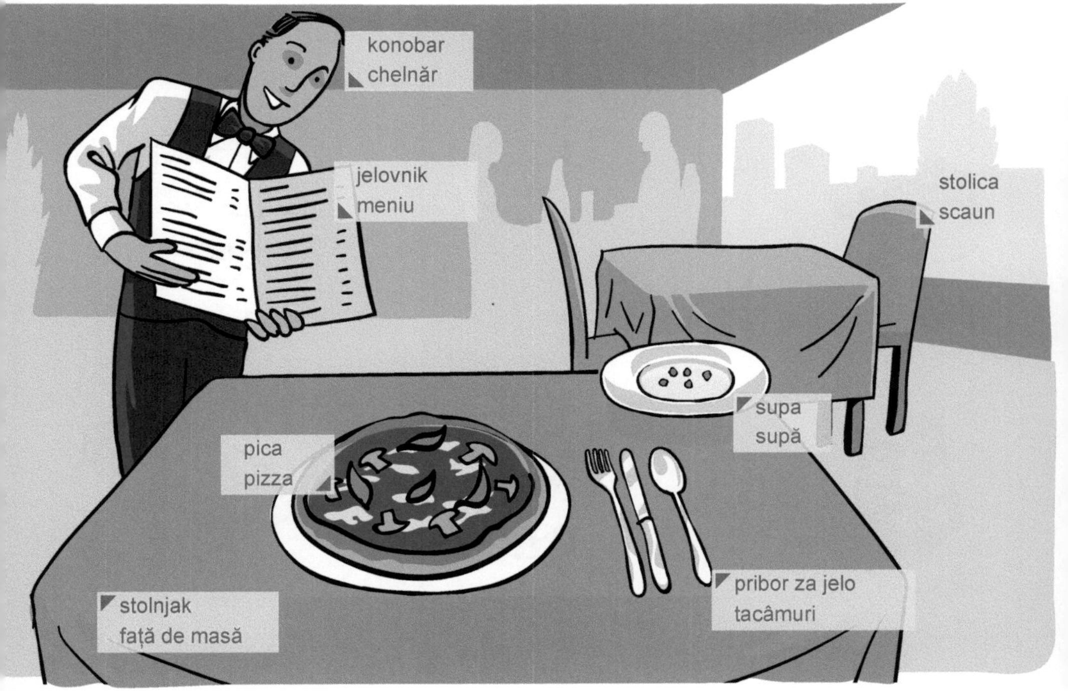
konobar
chelnăr
jelovnik
meniu
stolica
scaun
supa
supă
pica
pizza
stolnjak
față de masă
pribor za jelo
tacâmuri

predjelo

antreu

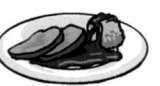

glavno jelo

fel principal

desert

desert

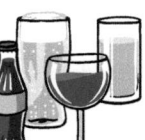

napitci

băuturi

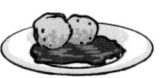

jelo

mâncare

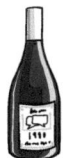

flaša

sticlă

brza hrana

fastfood

imbis hrana

streetfood

čajnik

ceainic

doza za šećer

zaharniță

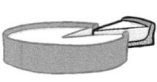

porcija

porție

aparat za espresso

espressor

visoka stolica

scaun înalt (pentru copii)

račun

factură

poslužavnik

tavă

nož

cuțit

viljuška

furculiță

kašika

lingură

čajna kašika

linguriță

salveta

șervețel

čaša

pahar

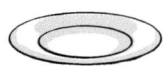

tanjir

farfurie

tanjir za supu

farfurie de supă

tanjirić

farfurie

sos

sos

soljenka

solniță

mlin za biber

râșniță de piper

sirće

oțet

ulje

ulei

začini

condimente

kečap

ketchup

senf

muștar

majoneza

maioneză

supermarket
supermarket

ponuda
ofertă
FOR
kupac
client
mlečni proizvodi
produse lactate
voće
fructe
kolica za kupovinu
cărucior de cumpărături

BUTCHERS

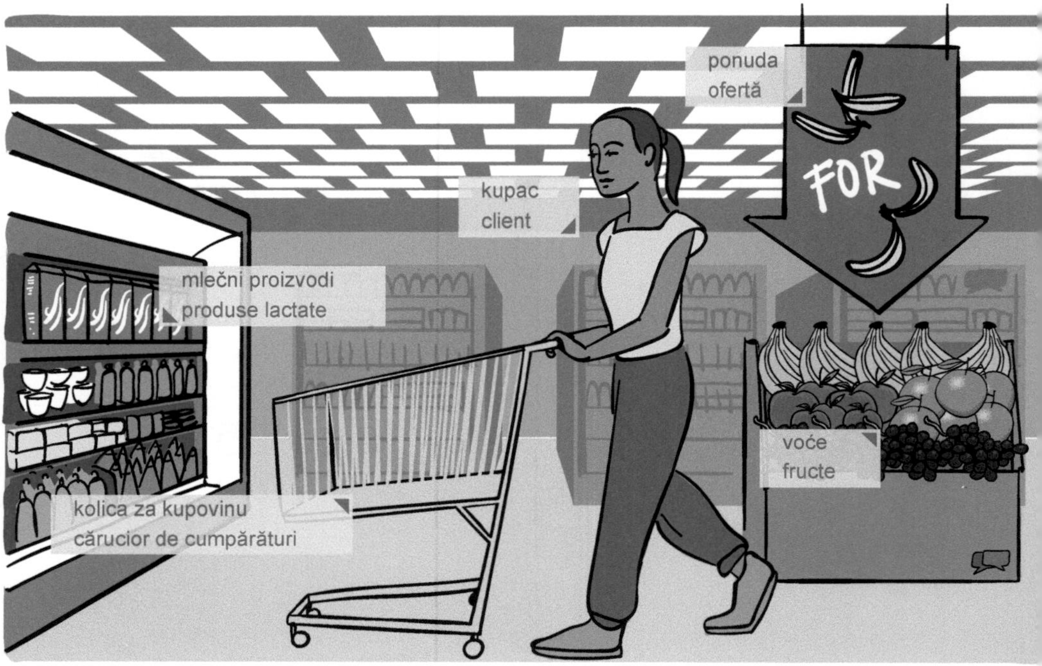

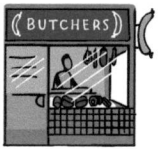

mesnica

măcelărie

BAKERY

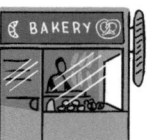

pekara

brutărie

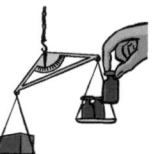

vagati

a cântări

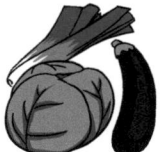

povrće

legume

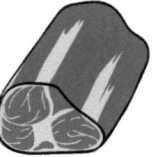

meso

carne

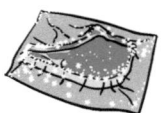

smrznuta hrana

alimente refrigerate

narezak

ezeluri și brânzeturi feliate

konzerve

conserve

sredstvo za pranje

detergent

slatkiši

dulciuri

artikli za domaćinstvo

articole de menaj

sredstva za čišćenje

produse de curățenie

prodavačica

vânzătoare

blagajna

casă

blagajnik

casier

lista za kupovinu

listă de cumpărături

vreme rada

orar

novčanik

portmoneu

kreditna kartica

carte de credit

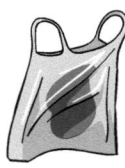

torba

geantă

plastična kesa

pungă de plastic

voda

apă

sok

suc

mleko

lapte

kola

cola

vino

vin

pivo

bere

alkohol

alcool

kakao

cacao

čaj

ceai

kava

cafea

espresso

espresso

cappuccino

cappucino

banana

banane

jabuka

măr

narandža

portocală

lubenica

pepene

limun

lămâie

šargarepa

morcov

beli luk

usturoi

bambus

bambus

luk

ceapă

gljiva

ciupercă

orašasti plodovi

nuci

rezanci

paste făinoase

špagete

spagheti

riža

orez

salata

salată

pomfrit

cartofi prăjiți

pečeni krumpir

cartofi țărănești

pica

pizza

hamburger

hamburger

sendvič

sandwich

šnicla

șnițel

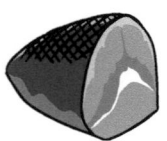

šunka

șuncă

salama

salam

kobasica

cârnați

kokoš

pui

pečenje

friptură

riba

pește

zobene pahuljice

fulgi de ovăz

musli

musli

kukuruzne pahuljice

cereale

brašno

făină

kroasan

corn

pecivo

chifle

hleb

pâine

toast

pâine prăjită

keksi

biscuiți

maslac

unt

sveži sir

brânză de vaci

kolač

prăjitură

jaje

ou

jaje na oko

ouă ochiuri

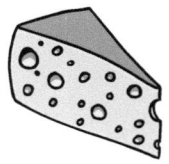

sir

brânză

sladoled

îngheţată

šećer

zahăr

med

miere

marmelada

marmeladă

nugat krema

cremă nuga

kari

curry

seosko gazdinstvo
gospodărie țărănească

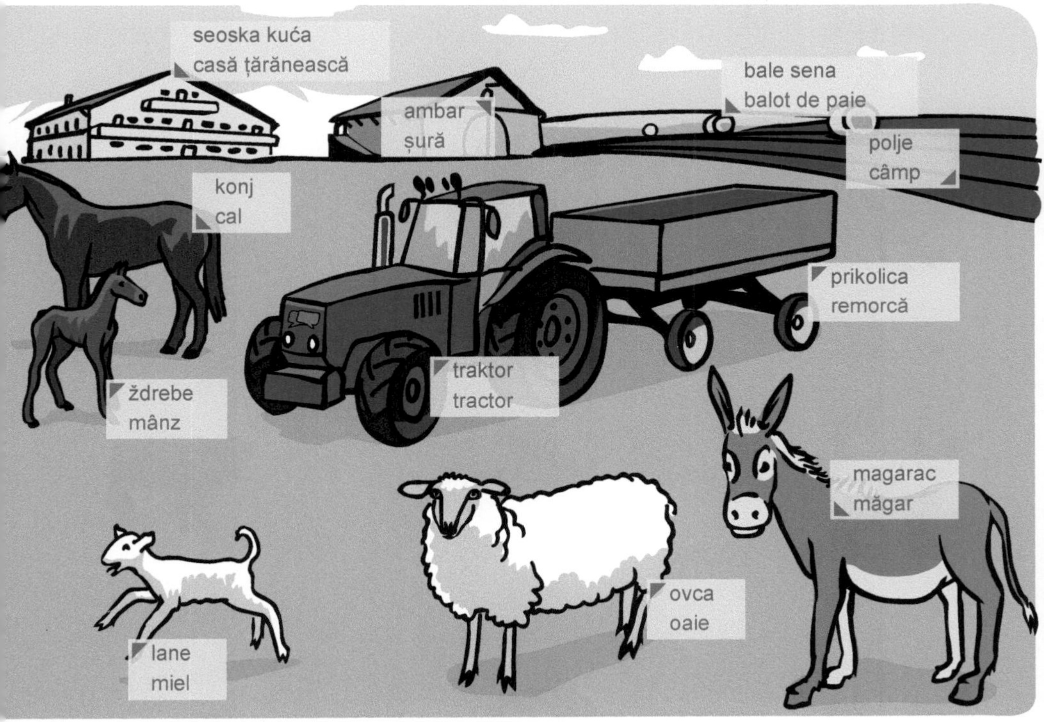
seoska kuća
casă țărănească
ambar
șură
bale sena
balot de paie
polje
câmp
konj
cal
prikolica
remorcă
traktor
tractor
ždrebe
mânz
magarac
măgar
ovca
oaie
lane
miel

koza
capră

krava
vacă

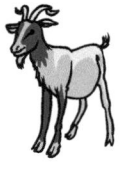

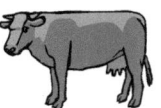

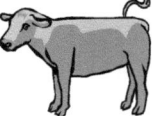

tele
vițel

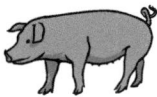

svinja
porc

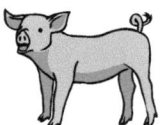

prase
purcel

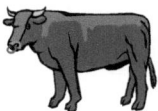

bik
taur

guska

găină

patka

rață

pilići

pui

kokoš

găină

petao

cocoș

pacov

șobolan

mačka

pisică

miš

șoarece

vol

bou

pas

câine

kućica za psa

cușcă

vrtno crevo

furtun de grădină

kanta za polivanje

stropitoare

kosa

coasă

plug

plug

srp

seceră

motika

sapă

viljuška za đubrivo

furcă

sekira

secure

tačke

roabă

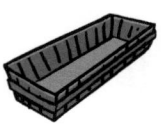

korito

troacă

posuda za mleko

cană pentru lapte

vreća

sac

ograda

gard

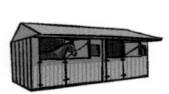

štala

grajd

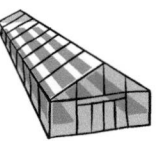

staklenik

seră

zemlja

sol

seme

sămânță

đubrivo

fertilizator

kombajn

combină de treierat

žeti

a culege

žetva

recoltă

jams začin

cartof yam

pšenica

grâu

soja

soia

krumpir

cartof

kukuruz

porumb

uljana repica

rapiță

voćka

pom fructifer

gomolj manioke

manioc

žitarice

cereale

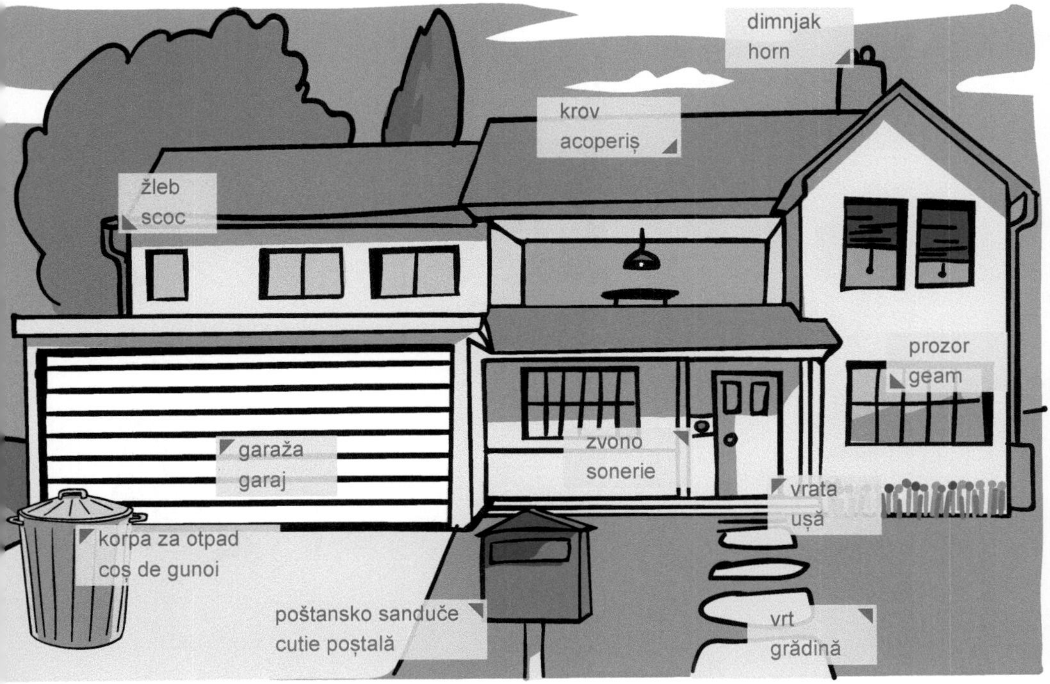

dimnjak
horn

krov
acoperiş

žleb
scoc

prozor
geam

garaža
garaj

zvono
sonerie

vrata
uşă

korpa za otpad
coş de gunoi

poštansko sanduče
cutie poştală

vrt
grădină

dnevna soba

cameră de zi

kupaonica

baie

kuhinja

bucătărie

spavaća soba

dormitor

dečija soba

camera copiilor

trpezarija

sufragerie

kuća - casă

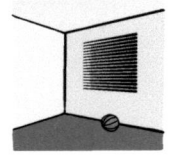

pod

podea

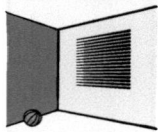

zid

perete

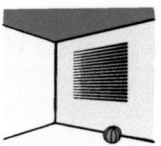

strop

tavan

podrum

pivniță

sauna

saună

balkon

balcon

terasa

terasă

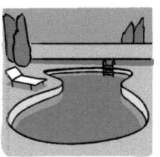

bazen

piscină

kosilica za travu

mașină de tuns iarba

posteljina za krevet

cearșaf

deka za krevet

cuvertură

krevet

pat

metla

mătură

kanta

găleată

prekidač

întrerupător

dnevna soba
cameră de zi

tapeta
tapet
slika
pictură
svetiljka
lampă
regal
raft
ormar
dulap
televizija
televizor
kamin
șemineu
cvijet
floare
jastuk
pernă
kauč
sofa
vaza
vază
daljinski upravljač
telecomandă

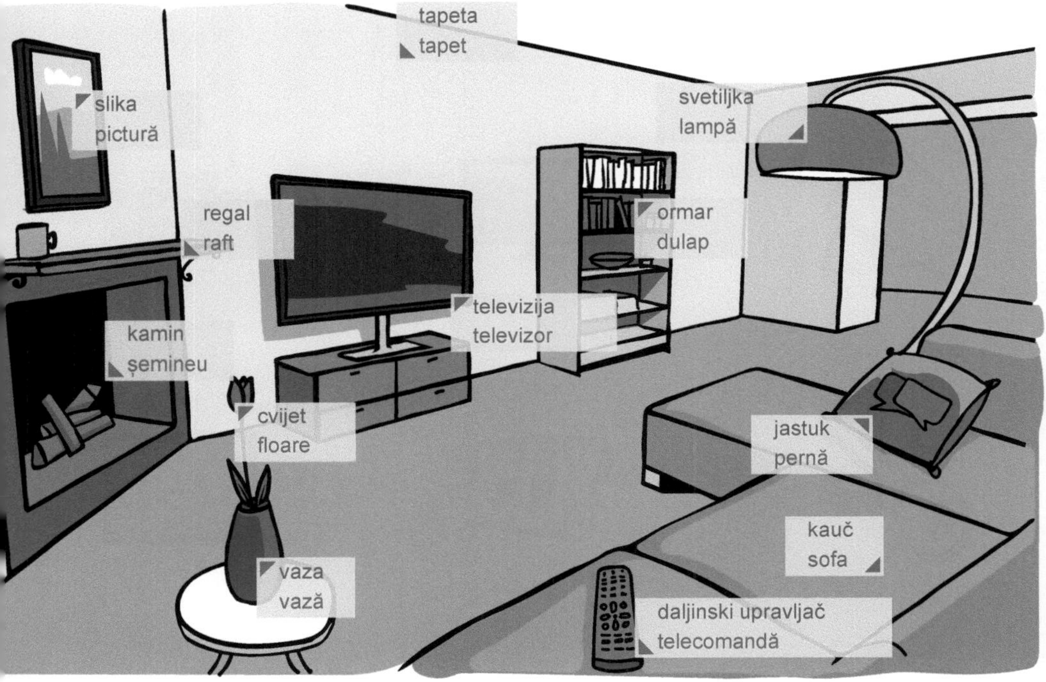

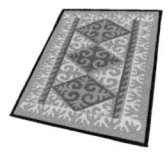

tepih
covor

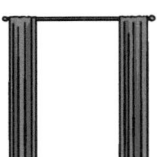

zavesa
perdea

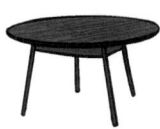

sto
masă

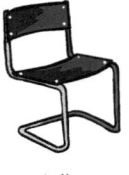

stolica
scaun

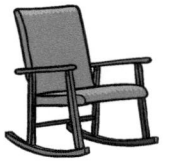

stolica za njihanje
balansoar

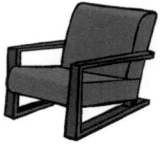

fotelja
fotoliu

knjiga

carte

deka

pătură

dekoracija

decoraţiune

drvo za ogrev

lemn de foc

film

film

hi-fi uređaj

instalaţie stereo

ključ

cheie

novine

ziar

slika na platnu

desen

poster

poster

radio

radio

blok za pisanje

caiet de notiţe

usisivač

aspirator

kaktus

cactus

sveća

lumânare

kuhinja
bucătărie

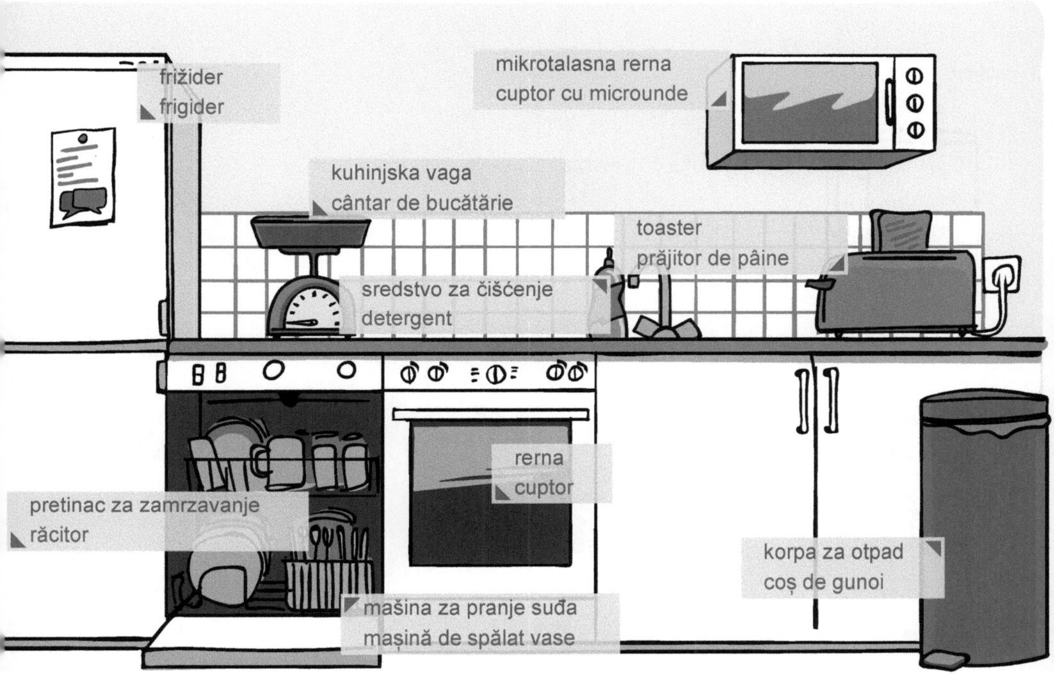

frižider
frigider
mikrotalasna rerna
cuptor cu microunde
kuhinjska vaga
cântar de bucătărie
toaster
prăjitor de pâine
sredstvo za čišćenje
detergent
rerna
cuptor
pretinac za zamrzavanje
răcitor
korpa za otpad
coş de gunoi
mašina za pranje suđa
maşină de spălat vase

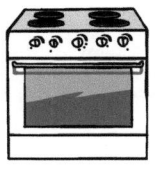

šporet

cuptor

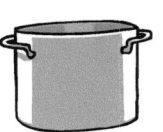

lonac

oală

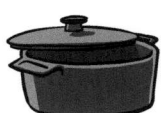

gvozdeni lonac

oală de metal

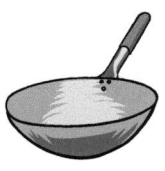

wok / kadai

wok/kadai

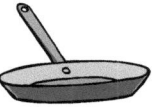

tava

tigaie

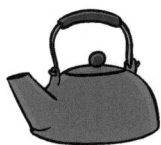

kuvalo za vodu

ceainic

kuvalo na paru

oală de gătit cu aburi

lim za pečenje

tavă de copt

posuđe

veselă

čaša

pahar

posuda

bol

štapići za jelo

bețișoare

kutlača

polonic

lopatica

spatulă

penjača

tel

sito za kuvanje

sită

sito

sită

ribež

răzătoare

mužar

mojar

roštilj

grătar

ognjište

loc pentru grătar

kuhinja - bucătărie

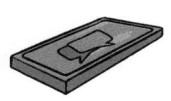

daska

tocător

oklagija

sucitor

vadičep

tirbușon

konzerva

conservă

otvarač konzervi

deschizător de conserve

krpa za lonac

șervete termice

sudoper

chiuvetă

četka

perie

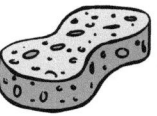

sunđer

burete

mikser

mixer

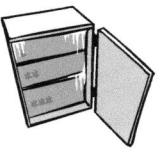

zamrzivač

ladă frigorifică

flašica za bebe

biberon

slavina za vodu

robinet

kuhinja - bucătărie

kupaonica
baie

grejanje
încălzire
peškir
prosop
tuš
duș
zavesa za tuš
perdea de duș
penušava kupka
baie cu spumă
kada
cadă
čaša
pahar
mašina za pranje veša
mașină de spălat
slavina za vodu
robinet
pločice
gresie
tuta
oală de noapte
sudoper
chiuvetă

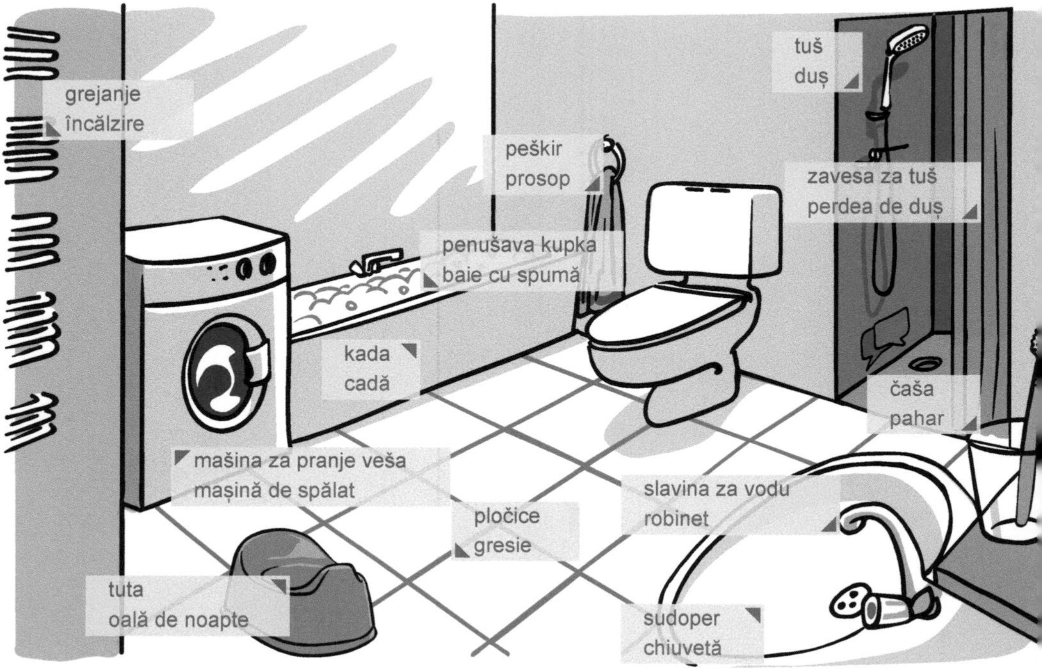

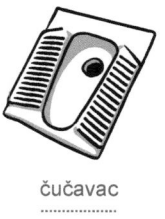

toalet

toaletă

čučavac

toaletă turcescă

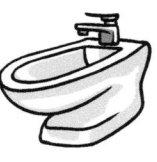

bidet

bideu

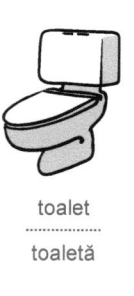

pisoar

pisoir

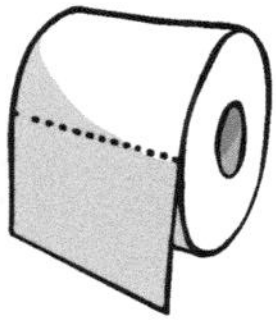

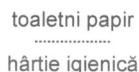

toaletni papir

hârtie igienică

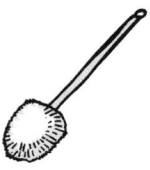

četka za toalet

perie de toaletă

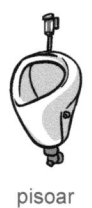

četkica za zube

periuță de dinți

pasta za zube

pastă de dinți

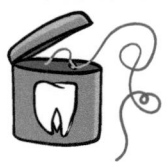

konac za zube

ață dentară

prati

a spăla

tuš ručica

cap de duș

tuš za pranje intimnih delova

duș intim

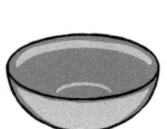

lavor

lavoar

četka za pranje leđa

perie pentru spate

sapun

săpun

gel za tuširanje

gel de duș

šampon

șampon

krpa za pranje

cârpă de spălat

odvod

scurgere

krema

cremă

dezodorans

deodorant

kupaonica - baie

ogledalo

oglindă

kozmetičko ogledalo

oglindă cosmetică

brijač

aparat de ras

pena za brijanje

spumă de ras

losion za posle brijanja

aftershave

češalj

pieptene

četka

perie

fen za kosu

uscător de păr

sprej za kosu

fixator

makeup

machiaj

ruž za usne

ruj

lak za nokte

lac de unghii

vata

vată

makaze za nokte

foarfece de unghii

parfem

parfum

kozmetička torbica

neseser

stolica

taburet

vaga

cântar

ogrtač

halat de baie

rukavice za čišćenje

mănuși de cauciuc

tampon

tampon

uložak

tampon

hemijski toalet

toaletă chimică

dečija soba
camera copiilor

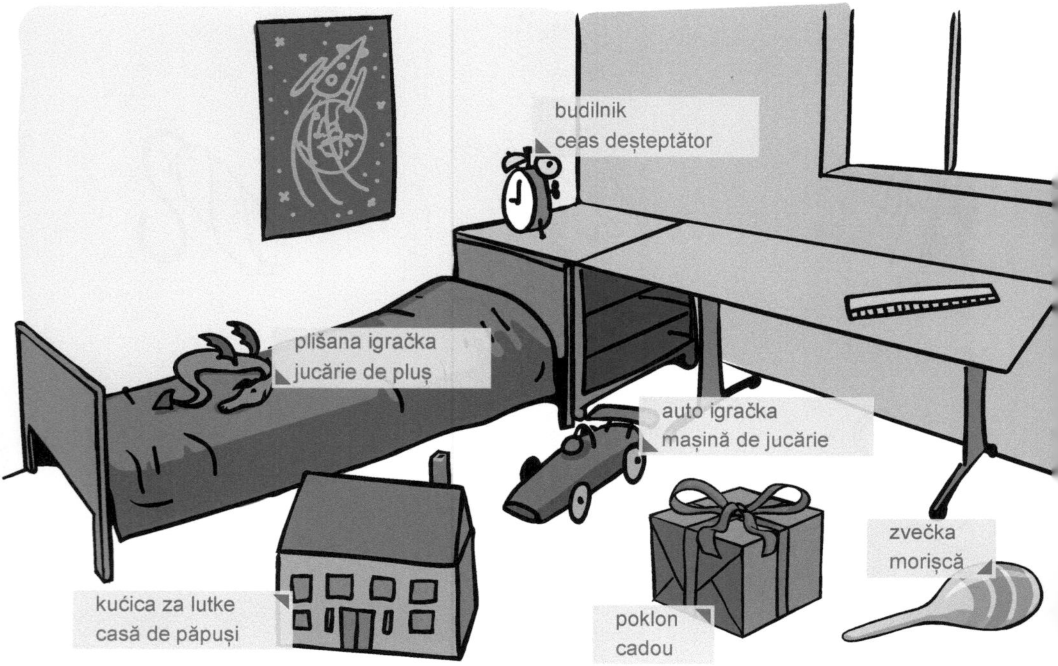
budilnik
ceas deșteptător
plišana igračka
jucărie de pluș
auto igračka
mașină de jucărie
zvečka
morișcă
kućica za lutke
casă de păpuși
poklon
cadou

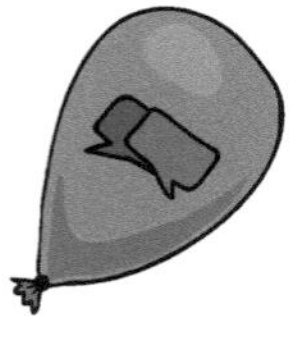
balon
balon

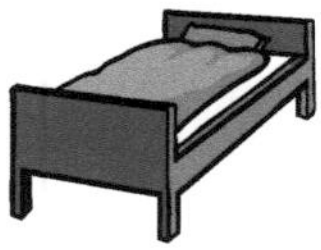
krevet
pat

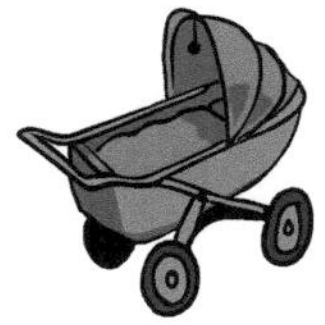
dječija kolica
cărucior de copii

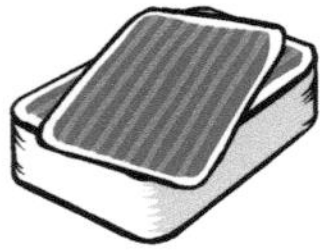
igra s kartama
joc de cărți

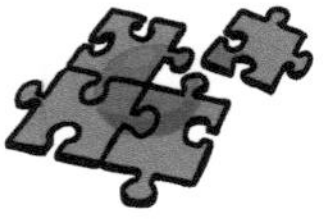
slagalica
puzzle

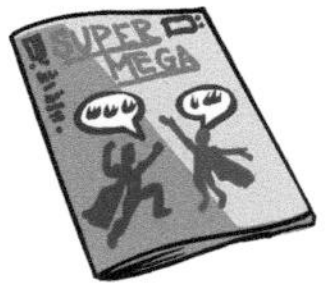
SUPER
MEGA
strip
revistă de benzi desenate

lego kockice

cuburi lego

kockice za slaganje

piese pentru construcții

akcioni junak

personaj din filmele de acțiune

benkica za bebe

body

frizbi

frisbee

viseće igračke

mobil

društvene igre

joc de societate

kocka

zar

minijaturna željeznica

set trenuleț de jucărie

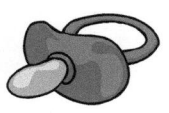

duda

suzetă

zabava

petrecere

slikovnica

carte cu poze

lopta

minge

lutka

păpușă

igrati

a se juca

pješčanik

groapă de nisip

ljuljačka

leagăn

igračka

jucării

konzola za igre

consolă video

tricikl

triciletă

tedi

ursuleț

ormar

dulap

odeća

îmbrăcăminte

kratke čarape

șosete

čarape

ciorapi

hulahopke

dres

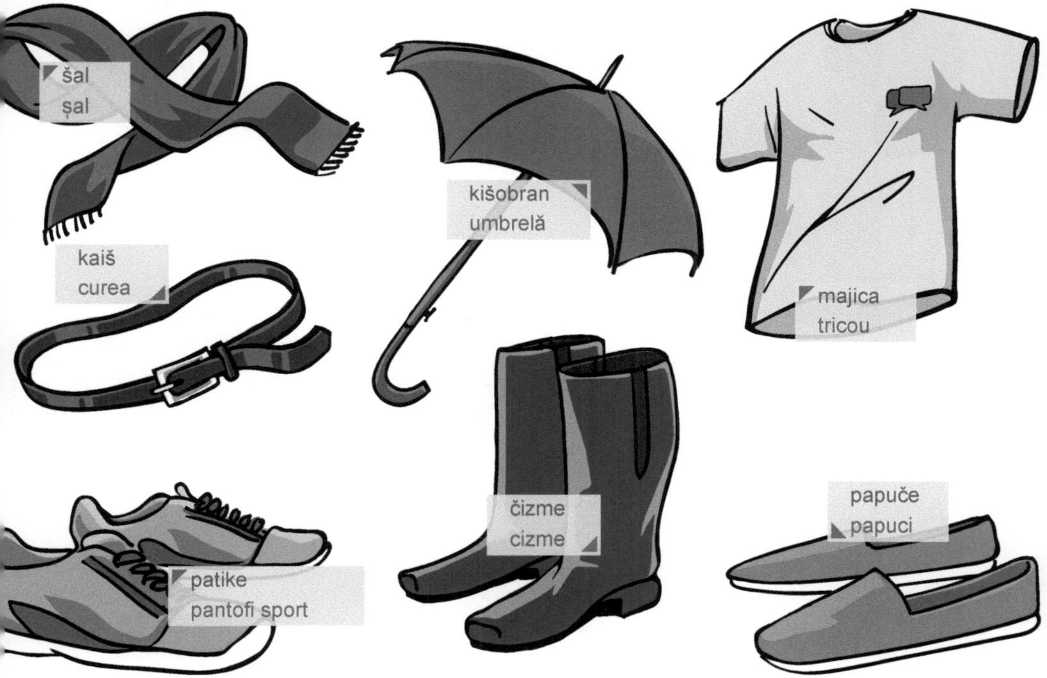

šal
šal

kaiš
curea

kišobran
umbrelă

majica
tricou

čizme
cizme

patike
pantofi sport

papuče
papuci

sandale
....
sandale

cipele
....
încălțăminte

gumene čizme
....
cizme de cauciuc

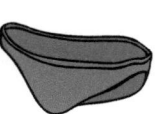

gaćice
....
chilot

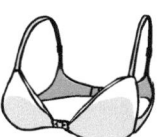

grudnjak
....
sutien

potkošulja
....
maiou

odeća - îmbrăcăminte

45

bodi

body

pantalone

pantaloni

farmerke

blugi

suknja

fustă

bluza

bluză

košulja

cămaşă

džemper

pulover

džemper s kapuljačom

jerseu

sako

sacou

jakna

jachetă

kaput

palton

kabanica

pelerină de ploaie

kostim

costum

haljina

rochie

venčanica

rochie de mireasă

odeća - îmbrăcăminte

odelo

costum

spavaćica

cămașă de noapte

pidžama

pijama

sari

sari

marama za glavu

batic

turban

turban

burka

burka

kaftan

caftan

abaja

abaya

kupaći kostim

costum de baie

kupaće gaćice

șort

kratke pantalone

pantaloni scurți

odeća za trening

trening

kecelja

șorț

rukavice

mănuși

dugme

nasture

naočare

ochelari

narukvica

brăţară

ogrlica

lanţ

prsten

inel

naušnica

cercel

kapa

căciulă

vešalica

umeraş

šešir

pălărie

kravata

cravată

patent zatvarač

fermoar

kaciga

cască

naramenice

bretele

školska uniforma

uniformă şcolară

uniforma

uniformă

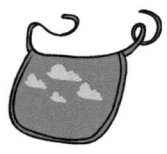

podbradak

baveţică

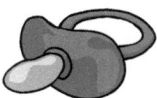

duda

suzetă

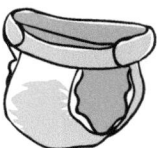

pelena

scutec

kancelarija
birou

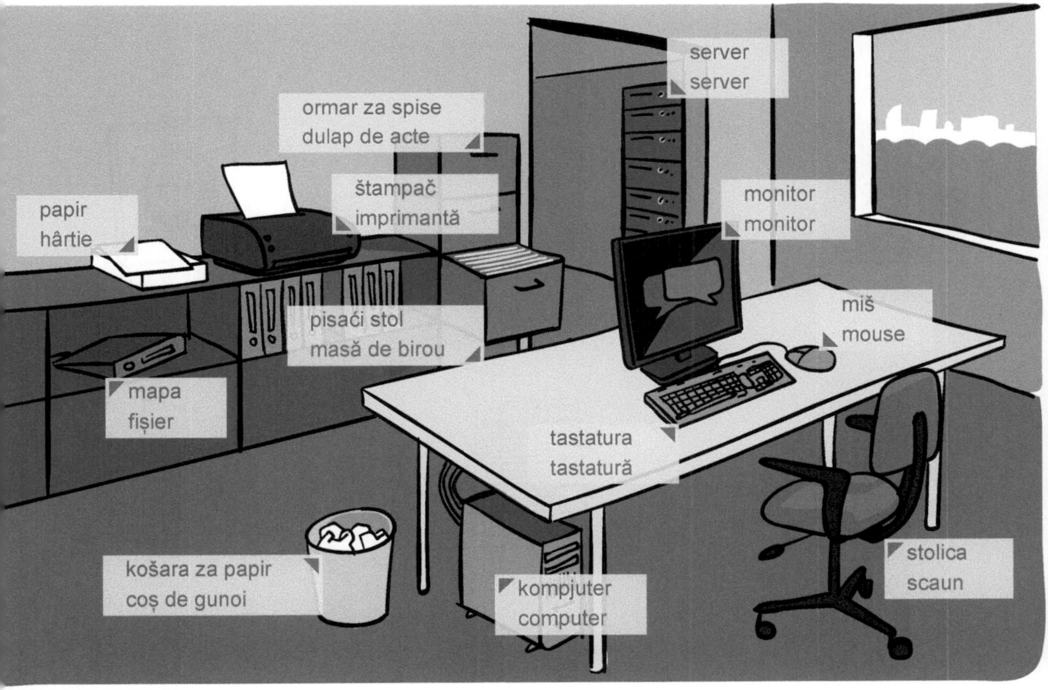
server
server
ormar za spise
dulap de acte
štampač
imprimantă
papir
hârtie
monitor
monitor
pisaći stol
masă de birou
miš
mouse
mapa
fişier
tastatura
tastatură
košara za papir
coş de gunoi
kompjuter
computer
stolica
scaun

šalica za kavu

ceaşcă de cafea

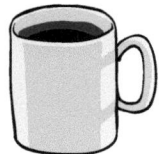

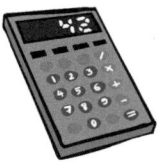

kalkulator

calculator

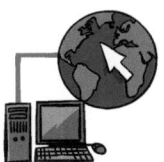

internet

internet

laptop

laptop

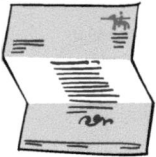

pismo

scrisoare

poruka

mesaj

mobilni telefon

telefon mobil

mreža

rețea

uređaj za kopiranje

copiator

softver

software

telefon

telefon

utičnica

priză

faks

fax

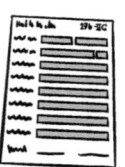

formular

formular

dokument

document

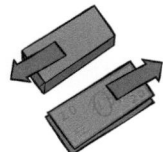

kupovati

a cumpăra

platiti

a plăti

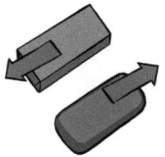

trgovati

a face comerţ

novac

bani

dolar

Dolar

evro

Euro

jen

Yen

rublja

Rublă

švajcarski franak

Franc Elveţian

renmindbi juan

renminbi yuan

rupija

Rupie

automat za novac

bancomat

menjačnica

casă de schimb valutar

zlato

aur

srebro

argint

nafta

petrol

energija

energie

cena

preț

ugovor

contract

porez

impozit

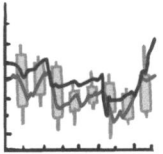

deonica

acțiune

raditi

a munci

službenik

angajat

poslodavac

angajator

fabrika

fabrică

prodavnica

magazin

policajac
polițist

vatrogasac
pompier

kuvar
bucătar

lekar
medic

pilot
pilot

vrtlar

grădinar

stolar

tâmplar

krojačica

cusătoreasă

sudija

judecător

hemičar

chimist

glumac

actor

vozač autobusa

šofer de autobuz

vozač taksija

šofer de taxi

ribar

pescar

čistačica

femeie de serviciu

krovopokrivač

tinichigiu

konobar

chelnăr

lovac

vânător

slikar

pictor

pekar

brutar

električar

electrician

građevinski radnik

muncitor în construcții

inženjer

inginer

mesar

măcelar

limar

instalator

poštar

poștaș

vojnik
soldat

arhitekta
arhitect

blagajnik
casier

cvećar
florar

frizer
frizer

kondukter
controlor

mehaničar
mecanic

kapetan
căpitan

zubar
stomatolog

naučnik
om de ştiinţă

rabi
rabin

imam
imam

monah
călugăr

svećenik
preot

alati
instrumente

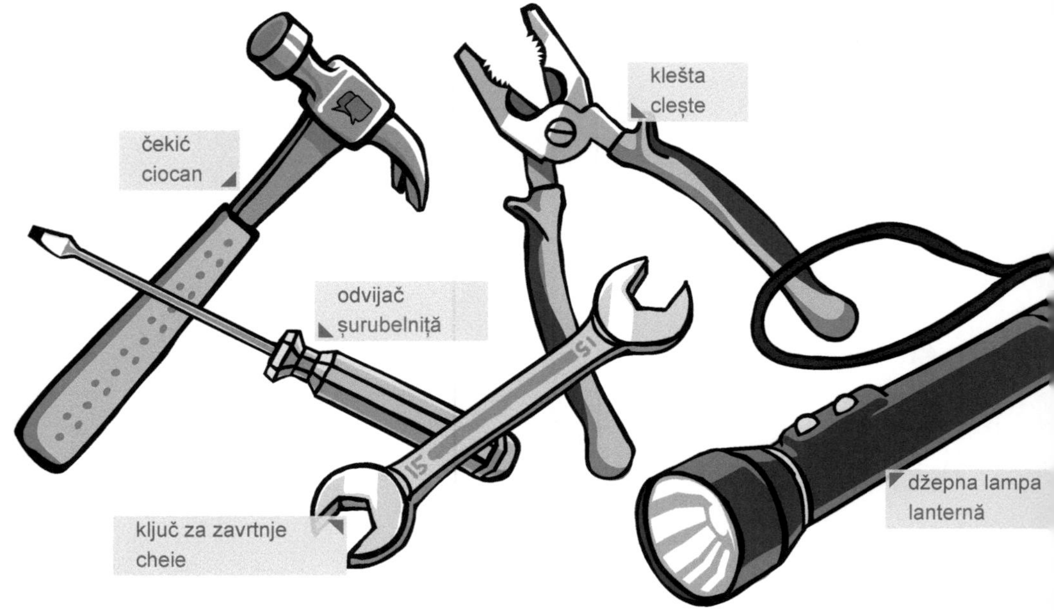
čekić
ciocan
klešta
clește
odvijač
șurubelniță
ključ za zavrtnje
cheie
džepna lampa
lanternă

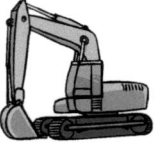

bager

excavator

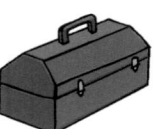

kutija za alat

cutie de scule

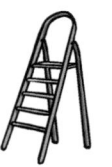

merdevine

scară

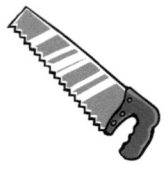

pila

ferăstrău

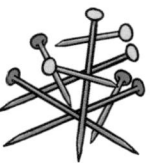

ekser

cuie

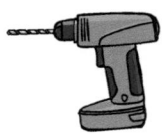

bušilica

burghiu

popraviti

a repara

lopata

lopată

do đavola!

La naiba!

lopatica

făraș

lonac za boju

vas pentru vopsea

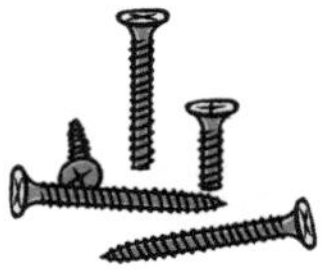

zavrtanji

șuruburi

muzički instrument

instrumente muzicale

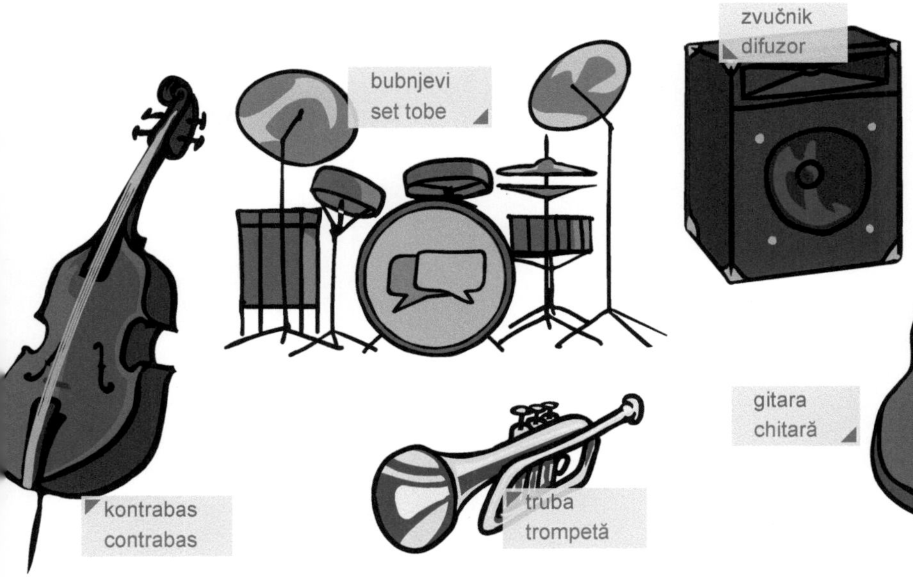

zvučnik
difuzor

bubnjevi
set tobe

gitara
chitară

kontrabas
contrabas

truba
trompetă

klavir

pian

violina

vioară

bas

bas

timpani

trombon

udaraljke za bubnjeve

tobă

tipke klavira

keyboard

saksofon

saxofon

flauta

fluier

mikrofon

microfon

zoološki vrt
grădină zoologică

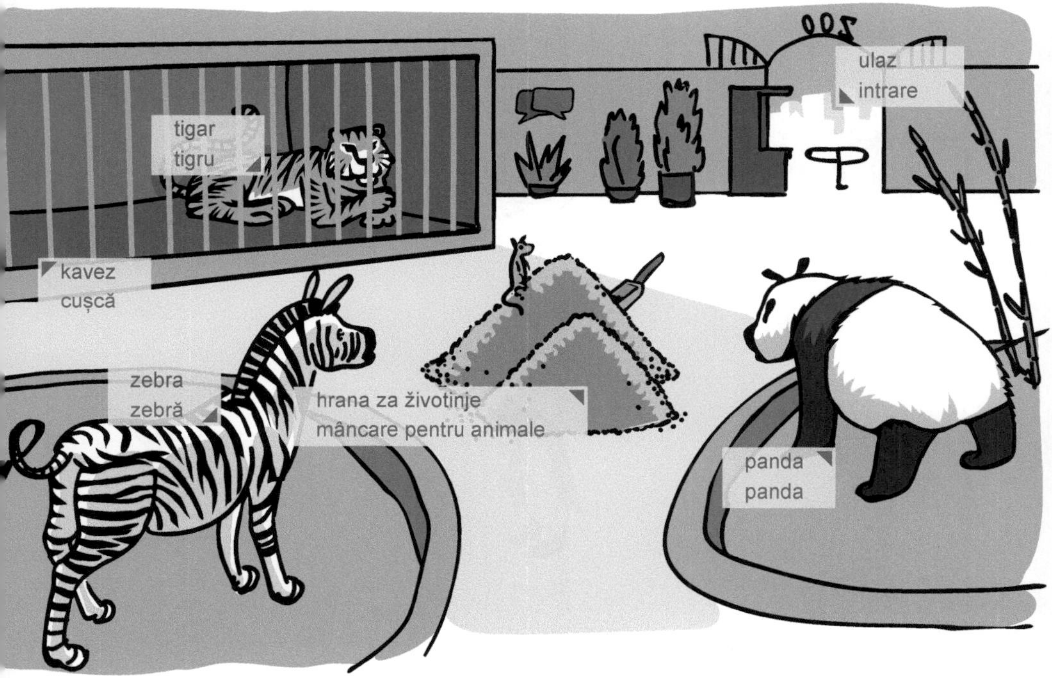

ulaz
intrare
tigar
tigru
kavez
cușcă
zebra
zebră
hrana za životinje
mâncare pentru animale
panda
panda

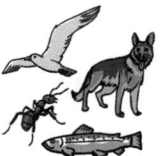

životinje

animale

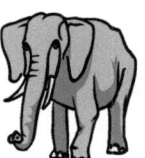

slon

elefant

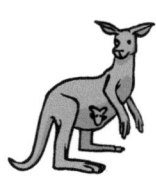

kengur

cangur

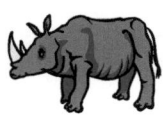

nosorog

rinocer

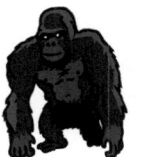

gorila

gorilă

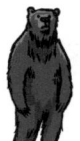

medved

urs

kamila

cămilă

noj

struț

lav

leu

majmun

maimuță

flamingo

flamingo

papagaj

papagal

polarni medved

urs polar

pingvin

pinguin

ajkula

rechin

paun

păun

zmija

șarpe

krokodil

crocodil

čuvar u zoološkom vrtu

îngrijitor grădina zoologică

tuljan

focă

jaguar

jaguar

poni

ponei

leopard

leopard

nilski konj

hipopotam

žirafa

girafă

orao

acvilă

divlja svinja

porc mistreţ

riba

peşte

kornjača

broască ţestoasă

morž

morsă

lisica

vulpe

gazela

gazelă

američki nogomet
fotbal american

biciklizam
ciclism

tenis
tenis

košarka
basketball

plivanje
înot

boks
box

hokej na ledu
hockey pe gheață

fudbal
fotbal

badminton
badminton

atletika
atletism

rukomet
handbal

skijanje
schi

polo
polo

aktivnosti
activități

skočiti
a sări
zagrliti
a îmbrățișa
smejati se
a râde
ići
a merge
pevati
a cânta
sanjati
a visa
moliti se
a se ruga
poljubiti
a săruta

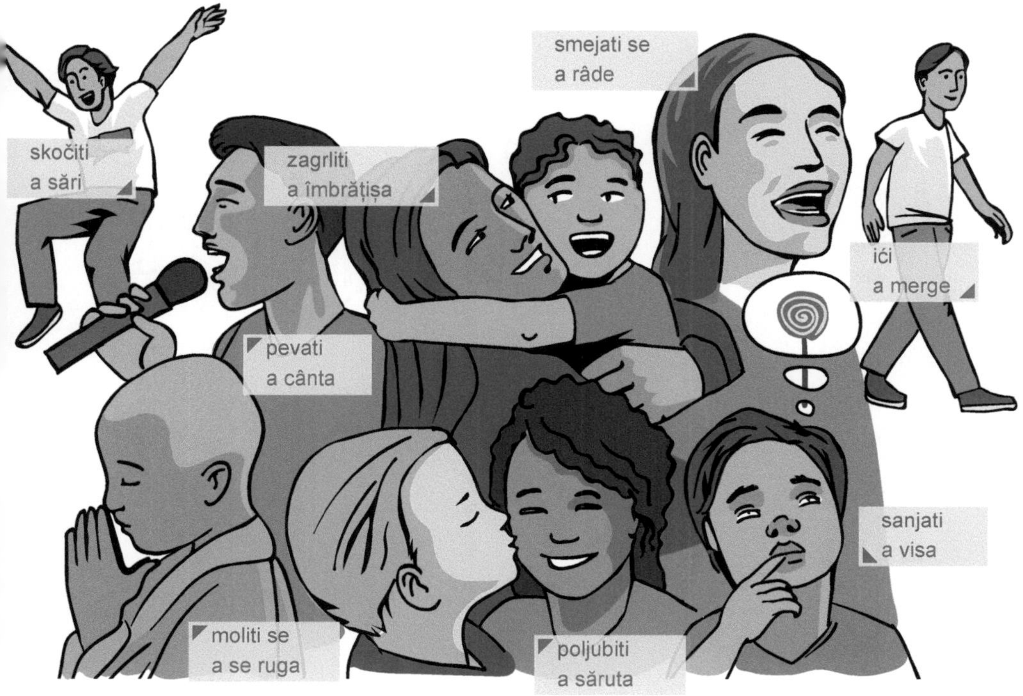

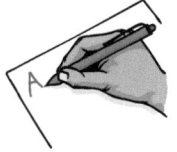

pisati
a scrie

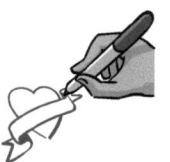

crtati
a desena

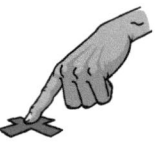

pokazati
a arăta

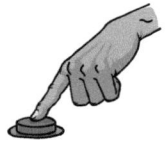

gurati
a împinge

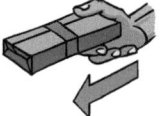

dati
a da

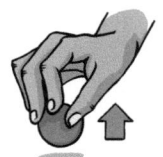

uzeti
a lua

imati

a avea

činiti

a face

biti

a fi

stojati

a sta în picioare

trčati

a fugi

povlačiti

a trage

baciti

a arunca

padati

a cădea

ležati

a sta întins

čekati

a aștepta

nositi

a purta

sediti

a ședea

oblačiti

a se îmbrăca

spavati

a dormi

probuditi se

a se trezi

gledati

a privi

plakati

a plânge

milovati

a mângâia

češljati

a se pieptăna

govoriti

a vorbi

razumeti

a înțelege

pitati

a întreba

slušati

a asculta

piti

a bea

jesti

a mânca

pospremiti

a face ordine

voleti

a iubi

kuhati

a găti

voziti

a conduce

leteti

a zbura

ploviti

a naviga

računati

a calcula

čitati

a citi

učiti

a învăța

raditi

a munci

venčati se

a se căsători

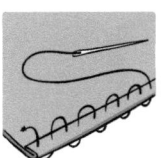

šiti

a coase

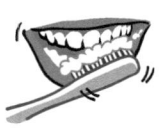

prati zube

a se spăla pe dinți

ubiti

a ucide

pušiti

a fuma

poslati

a trimite

porodica
familie

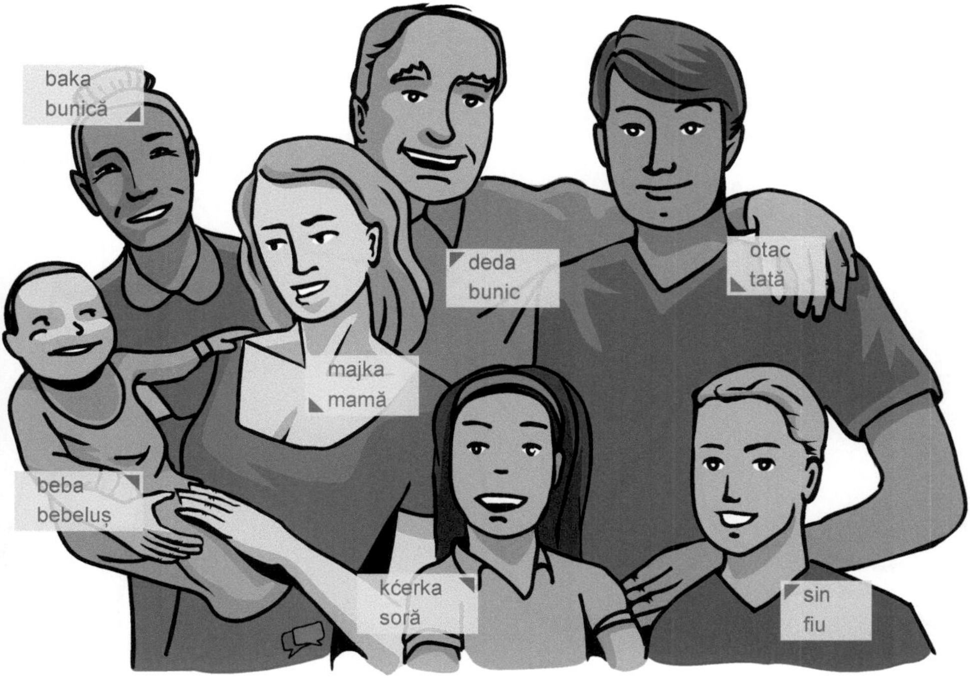
baka
bunică
deda
bunic
otac
tată
majka
mamă
beba
bebeluș
kćerka
soră
sin
fiu

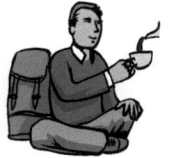

gost
oaspete

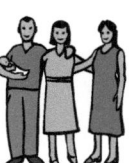

tetka
mătușă

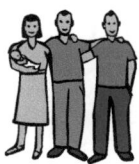

ujak, stric
unchi

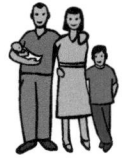

brat
frate

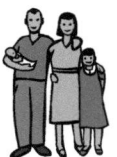

sestra
soră

telo

corp

čelo
frunte
oko
ochi
lice
fată
brada
bărbie
grudi
piept
prst
deget
ruka
mână
ruka
braț
rame
umăr
noga
picior

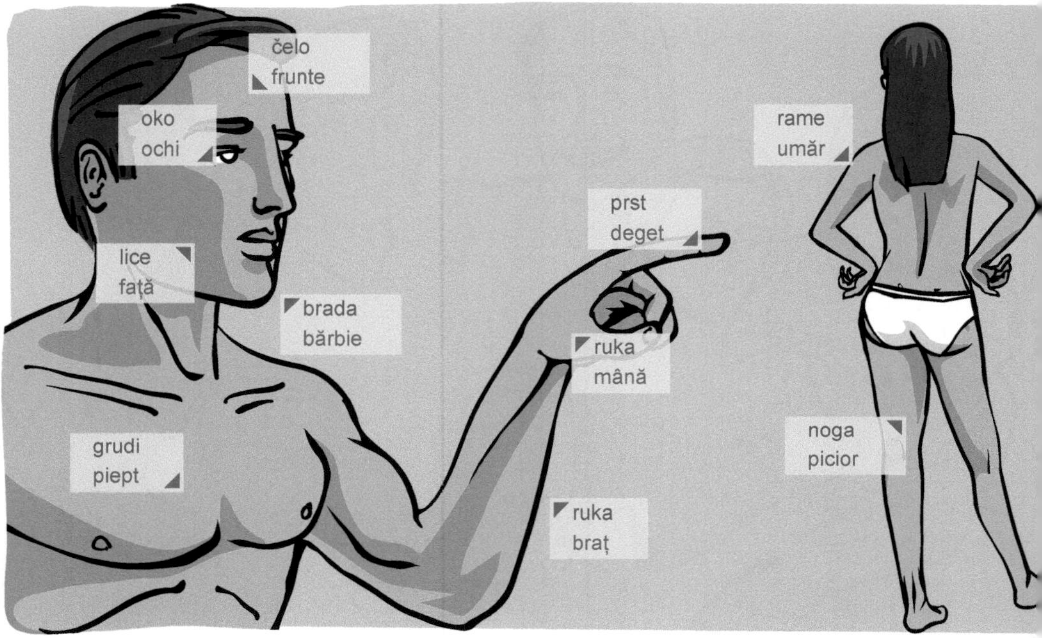

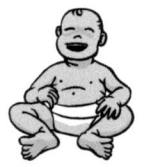

beba
bebeluș

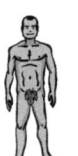

muškarac
bărbat

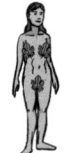

žena
femeie

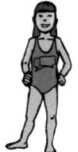

devojčica
fată

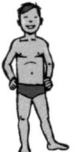

dečak
băiat

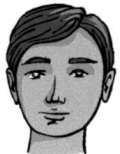

glava
cap

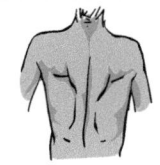

leđa

spate

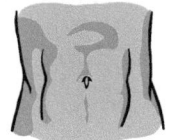

stomak

abdomen

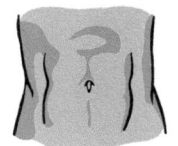

pupak

ombilic

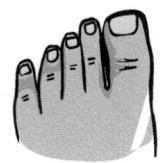

nožni prst

deget de la picior

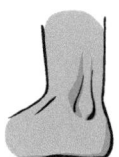

peta

călcâi

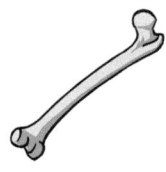

kost

os

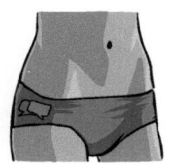

kukovi

șold

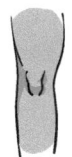

koleno

genunchi

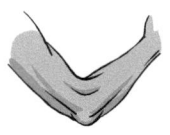

lakat

cot

nos

nas

zadnjica

fund

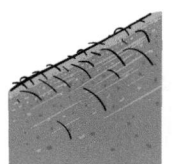

koža

piele

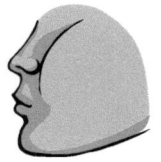

obraz

obraz

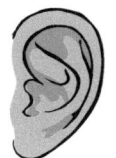

uvo

ureche

usna

buză

usta
gură

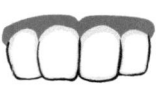

zub
dinte

jezik
limbă

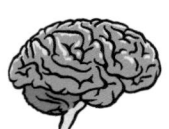

mozak
creier

srce
inimă

mišić
mușchi

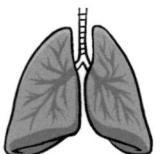

pluća
plămân

jetra
ficat

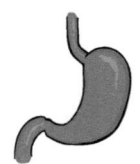

želudac
stomac

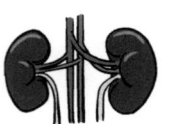

bubrezi
rinichi

polni odnos
sex

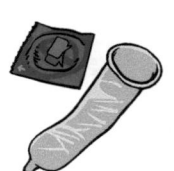

kondom
prezervativ

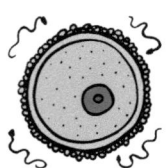

jajna ćelija
ovul

sperma
spermă

trudnoća
sarcină

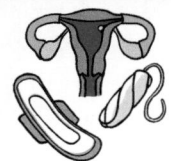

menstruacija

menstruaţie

vagina

vagin

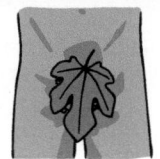

penis

penis

obrva

sprânceană

kosa

păr

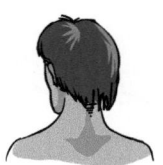

vrat

gât

bolnica
spital

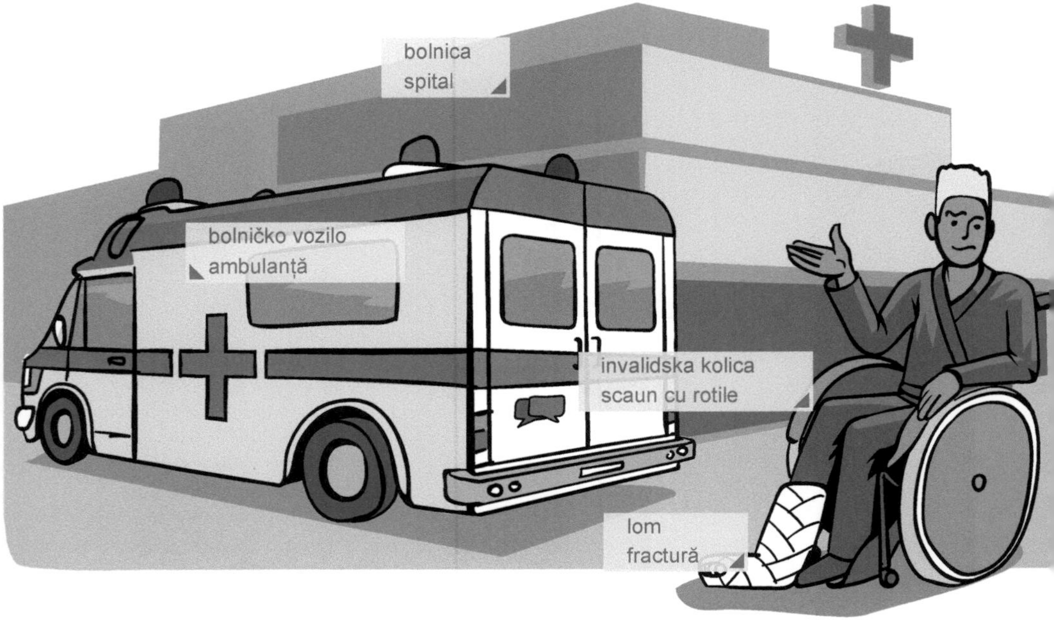

bolnica
spital
bolničko vozilo
ambulanță
invalidska kolica
scaun cu rotile
lom
fractură

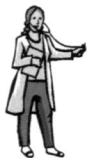

lekar

medic

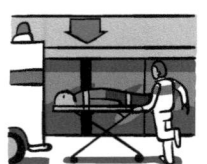

hitna medicinska služba

unitate de primiri urgențe

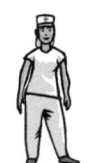

medicinska sestra

soră medicală

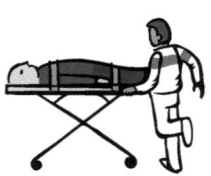

hitni slučaj

urgență

nesvest

inconștient

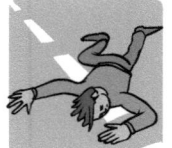

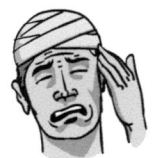

bol

durere

povreda

leziune

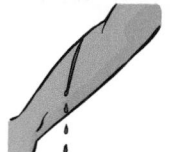

krvarenje

sângerare

srčani udar

infarct miocardic

udar

atac cerebral

alergija

alergie

kašalj

tuse

groznica

febră

gripa

gripă

proliv

diaree

glavobolja

durere de cap

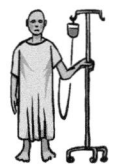

rak

cancer

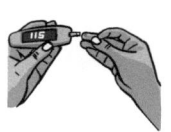

dijabetes

diabet

hirurg

chirurg

skalpel

scalpel

operacija

operaţie

bolnica - spital

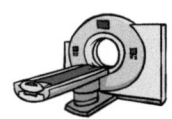

ct
CT

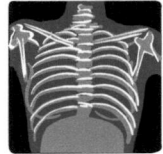

rentgen
raze Röntgen

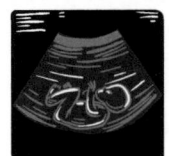

ultrazvuk
ultrasunet

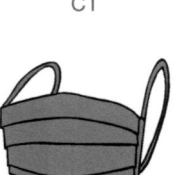

maska
mască

bolest
boală

čekaona
sală de așteptare

štaka
cârjă

flaster
plasture

zavoj
bandaj

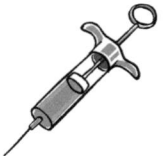

injekcija
injecție

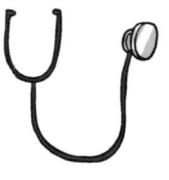

stetoskop
stetoscop

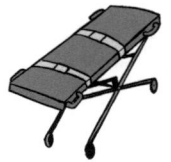

nosila
targă

termometar
termometru

rođenje
naștere

prekomerna težina
supraponderabilitate

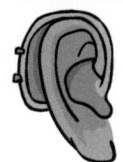

slušni aparat

aparat auditiv

sredstvo za dezinfekciju

dezinfectant

infekcija

infecție

virus

virus

HIV / AIDS

HIV/SIDA

medicina

medicină

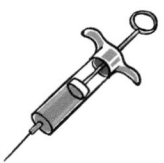

vakcinacija

vaccin

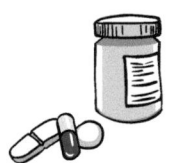

tablete

tablete

pilula

pastilă

hitni poziv

apel de urgență

uređaj za merenje pritiska

aparat de măsurare a
presiunii arteriale

bolesno / zdravo

bolnav/sănătos

pomoć!

Ajutor!

alarm

alarmă

nasrtaj

agresiune

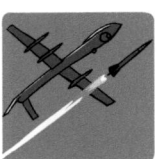

napad

atac

opasnost

pericol

izlaz u slučaju nužde

ieșire de urgenţă

požar!

Foc!

protivpožarni aparat

extinctor

nezgoda

accident

kutija prve pomoći

trusă de prim-ajutor

sos

SOS

policija

poliţie

Evropa

Europa

Severna Amerika

America de Nord

Južna Amerika

America de Sud

Afrika

Africa

Azija

Asia

Australija

Australia

Atlantik

Altantic

Pacifik

Pacific

Indijski okean

Oceanul Indian

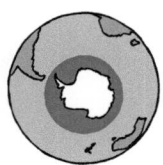

Antarktički okean

Oceanul Antarctic

Arktički ocean

Oceanul Arctic

Severni pol

Polul Nord

Južni pol
Polul Sud

Antarktik
Antarctica

zemlja
pământ

zemlja
țară

more
mare

otok
insulă

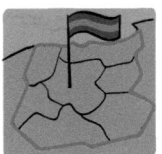

nacija
națiune

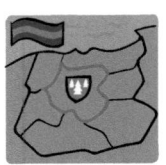

država
stat

brojčanik sata
....
cadran

satna kazaljka
....
orar

minutna kazaljka
....
minutar

sekundna kazaljka
....
secundar

Koliko je sati?
....
Cât e ceasul?

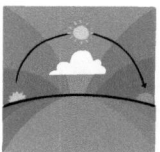

dan
....
zi

vreme
....
timp

sada
....
acum

digitalni sat
....
cead digital

minuta
....
minut

čas
....
oră

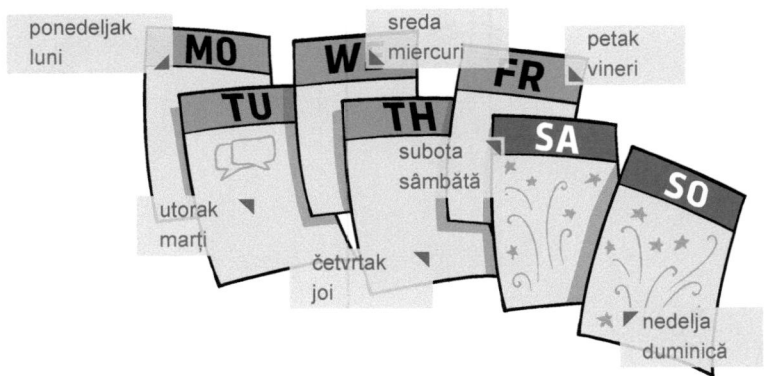

ponedeljak
luni

sreda
miercuri

petak
vineri

utorak
marţi

subota
sâmbătă

četvrtak
joi

nedelja
duminică

juče
ieri

danas
azi

sutra
mâine

jutro
dimineaţă

podne
amiază

veče
seară

MO	TU	WE	TH	FR	SA	SU
1	2	3	4	5	6	7
8	9	10	11	12	13	14
15	16	17	18	19	20	21
22	23	24	25	26	27	28
29	30	31	1	2	3	4

radni dani
zile lucrătoare

MO	TU	WE	TH	FR	SA	SU
1	2	3	4	5	6	7
8	9	10	11	12	13	14
15	16	17	18	19	20	21
22	23	24	25	26	27	28
29	30	31	1	2	3	4

vikend
week-end

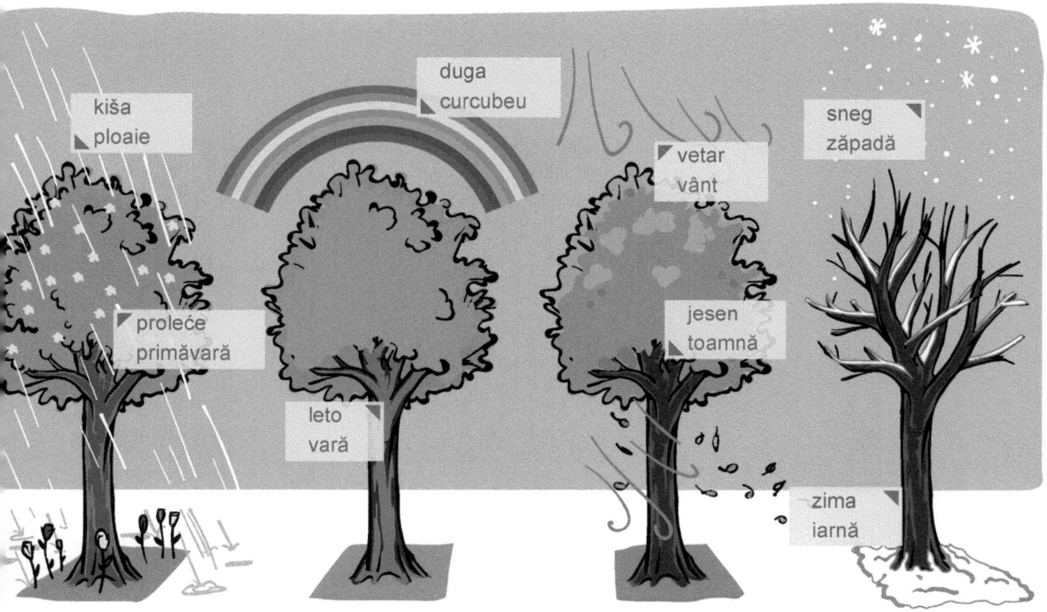

kiša
ploaie
duga
curcubeu
vetar
vânt
sneg
zăpadă
proleće
primăvară
leto
vară
jesen
toamnă
zima
iarnă

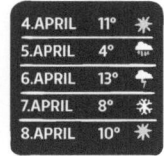

4.APRIL 11°
5.APRIL 4°
6.APRIL 13°
7.APRIL 8°
8.APRIL 10°

meteorološka prognoza
....
prognoză meteo

F C
120 40
90 30
60 20
30 10
0 0
-30 -10
-20

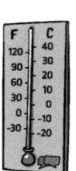

termometar
....
termometru

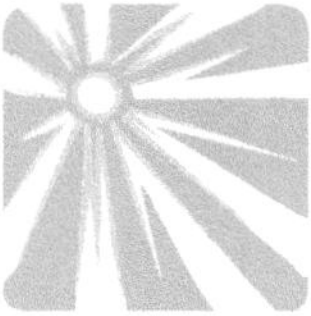

sunčana svetlost
....
lumina soarelui

oblak
....
nor

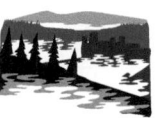

magla
....
ceață

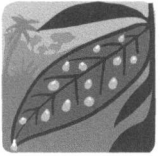

vlažnost vazduha
....
umiditate a aerului

munja

fulger

grmljavina

tunet

oluja

furtună

tuča

grindină

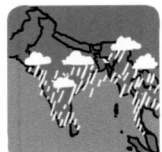

monsun

muson

poplava

inundaţie

led

gheaţă

januar

ianuarie

februar

februarie

mart

martie

april

aprilie

maj

mai

juni

iunie

juli

iulie

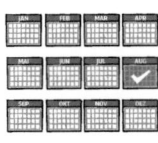

avgust

august

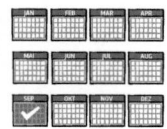

septembar
septembrie

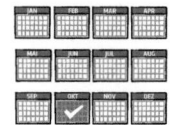

oktobar
octombrie

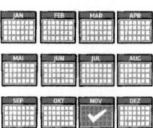

novembar
noiembrie

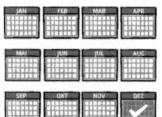

decembar
decembrie

krug
cerc

kvadrat
pătrat

pravougao
dreptunghi

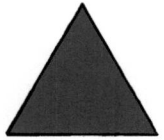

trougao
triunghi

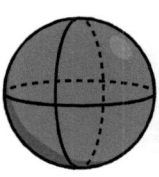

kugla
sferă

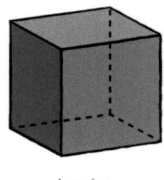

kocka
cub

bela

alb

žuta

galben

narandžasta

portocaliu

ružičasta

roz

crvena

roșu

ljubičasta

violet

plava

albastru

zelena

verde

smeđa

maro

siva

gri

crna

negru

mnogo / malo

mult/puțin

ljutito / mirno

furios/calm

lepo / ružno

frumos/urât

početak / kraj

început/sfârșit

veliko / maleno

mare/mic

svetlo / tamno

luminos/întunecat

brat / sestra

frate/soră

čisto / prljavo

curat/murdar

potpuno / nepotpuno

complet/incomplet

dan / noć

zi/noapte

mrtvo / živo

mort/viu

široko / usko

lat/strâmt

jestivo / nejestivo

comestibil/necomestibil

zlo / dobro

rău/prietenos

uzbuđeno / dosadno

emoţionat/plictisit

debelo / mršavo

gras/slab

na početku / na kraju

primul/ultimul

prijatelj / neprijatelj

prieten/inamic

puno / prazno

plin/gol

tvrdo / mekano

tare/moale

teško / lagano

greu/uşor

glad / žeđ

foame/sete

bolesno / zdravo

bolnav/sănătos

ilegalno / legalno

ilegal/legal

pametno / glupo

inteligent/stupid

levo / desno

stânga/drepta

blizu / daleko

aproape/departe

novo / polovno

nou/uzat

ništa / nešto

nimic/ceva

staro / mlado

bătrân/tânăr

uključeno / isključeno

pornit/oprit

otvoreno / zatvoreno

deschis/închis

tiho / glasno

încet/tare

bogato / siromašno

bogat/sărac

tačno / pogrešno

corect/fals

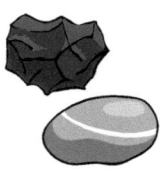

hrapavo / glatko

aspru/neted

tužno / sretno

trist/fericit

kratko / dugo

lung/scurt

polako / brzo

încet/repede

mokro / suho

ud/uscat

toplo / hladno

cald/rece

rat / mir

război/pace

0	**1**	**2**
nula	jedan	dva
zero	unu	doi
3	**4**	**5**
tri	četiri	pet
trei	patru	cinci
6	**7**	**8**
šest	sedam	osam
șase	șapte	opt
9	**10**	**11**
devet	deset	jedanaest
nouă	zece	unsprezece

12
dvanaest
douăsprezece

13
trinaest
treisprezece

14
četrnaest
paisprezece

15
petnaest
cincisprezece

16
šestnaest
șaisprezece

17
sedamnaest
șaptesprezece

18
osamnaest
optsprezece

19
devetnaest
nouăsprezece

20
dvadeset
douăzeci

100
stotinu
o sută

1.000
hiljadu
o mie

1.000.000
milion
un milion

engleski

engleză

američki engleski

engleză americană

mandarinski kineski

chineza mandarină

hindski

hindi

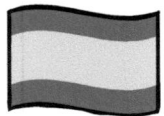

španski

spaniolă

francuski

franceză

arapski

arabă

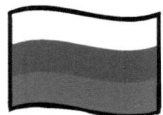

ruski

rusă

portugalski

protugheză

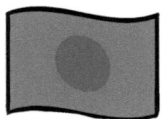

bengalski

bengaleză

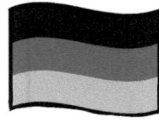

nemački

germană

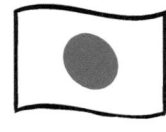

japanski

japoneză

ja
eu

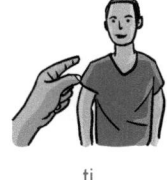

ti
tu

on / ona / ono
el/ea

mi
noi

vi
voi

oni
ea

Ko?
cine?

Šta?
ce?

Kako?
cum?

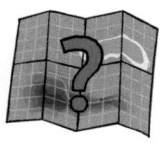

Gde?
unde?

Kada?
când?

ime
nume

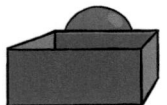

iza

în spate

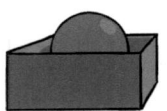

u

în

ispred

înainte

preko

peste

na

pe

ispod

sub

pored

lângă

između

între

mesto

loc